Versos para educar desde la resiliencia: Lecciones de vida y liderazgo al sufrir una pérdida y la sanación del duelo

Alfredo García Romana

Versos para educar desde la resiliencia: Lecciones de vida y liderazgo al sufrir una pérdida y la sanación del duelo

© Obra: Versos para educar desde la resiliencia: Lecciones de vida y liderazgo al sufrir una pérdida y la sanación del duelo

Primera edición: Noviembre, 2024

© Autor: Alfredo García Romana

ISBN: 978-84-129340-4-5
Depósito Legal: M-25563-2024

© Editado por VISION LIBROS www.visionlibros.com

Gestión, promoción y distribución: Grupo Editor Vision Net S.L.
C./ San Ildefonso 17, local, 28012 Madrid. España.
Tlf: 0034 91 3117696 // Email: pedidos@visionnet.es
www.visionnet-libros.com

Disponible en las principales librerias.

Introducción

La Resiliencia como Pilar del Liderazgo Educativo

La vida nos presenta momentos de absoluta fragilidad, aquellos que nos sacuden hasta el alma. La pérdida, ya sea de un ser querido, de un proyecto que soñamos con todo el corazón, o de una relación estable de pareja que, alguna vez fue la base de nuestra estabilidad emocional, deja huellas profundas. En esta publicación, quiero invitarte a reflexionar sobre cómo la superación de una experiencia personal tan dolorosa puede convertirse en una herramienta poderosa para transformar no solo nuestra vida, sino también la vida de quienes nos rodean, especialmente de aquellos a quienes guiamos y educamos en un proceso de formación.

Cuando hablamos de resiliencia, hablamos de la capacidad de adaptarnos y salir reforzados de las adversidades. En este caso, trataremos desde un conjunto de versos, una historia profundamente humana: la de un joven docente de Formación Profesional (FP) en Zaragoza, cuya vida dio un giro inesperado tras su ruptura matrimonial. Un proceso que, aunque difícil y doloroso, se convierte en la base para entender que, incluso en los momentos más oscuros, es posible encontrar el camino de regreso a uno mismo y, lo más importante, hacer de esa experiencia una fuente de aprendizaje y crecimiento personal que nos ayude a comprender al que tenemos enfrente.

La Resiliencia como Proceso Personal y Profesional

La ruptura matrimonial de Alfredo (por ponerle un nombre) fue el principio de un largo proceso de duelo, no solo emocional sino también profesional. Su relación con otro hombre, llamado Jol, había sido el centro de su vida durante casi tres lustros, y la ciudad que ambos habían compartido, Zaragoza, se convirtió de pronto en un recordatorio constante de lo que había sido. Los espacios vacíos, las ausencias y los silencios se hicieron presentes en cada rincón, desde su hogar hasta el aula. A pesar de las dificultades, Alfredo empezó a entender que la resiliencia no se trata solo de sobrevivir al dolor, sino de aprender de él. La verdadera resiliencia está en la capacidad de reconstruirnos, de encontrar las fuerzas para seguir adelante y de utilizar esas lecciones de vida como una herramienta pedagógica y poderosa para guiar a otros.

La pérdida de Jol, aunque un golpe devastador, empujó a Alfredo a una profunda introspección. Fue entonces cuando empezó a comprender que, como docente, su rol iba más allá de impartir conocimientos técnicos. En sus aulas, tenía la oportunidad de ofrecer algo aún más valioso: su propia experiencia de sanación. No solo se trataba de ser un buen maestro en términos de habilidades técnicas, sino de ser un guía, un modelo de cómo enfrentar las adversidades de la vida con esperanza y determinación. La enseñanza se convirtió para Alfredo en un acto de liderazgo emocional, de apoyo constante, no solo para sus estudiantes, sino también para él mismo y algunos de sus compañeros o compañeras de trabajo, quienes también fueron partícipes de este proceso.

Lecciones de Vida y Pedagogía

La pedagogía no es solo el arte de enseñar, es también el arte de vivir y aprender continuamente. Cada experiencia de vida sea positiva o negativa, tiene un impacto directo en cómo nos acercamos a nuestro alumnado, cómo los comprendemos y cómo podemos guiarlos hacia su propio crecimiento. Alfredo comenzó a aplicar lo aprendido en su proceso de recuperación al aula. Él entendió que ser un buen docente no solo requiere conocimiento técnico, sino también una profunda capacidad de empatizar, de conectar emocionalmente con su alumnado y de ofrecerles un espacio seguro en el que pudieran expresarse sin miedo a ser juzgados.

En sus clases de FP, Alfredo no solo enseñaba teoría y práctica, sino que también brindaba a sus muchachos lecciones de vida que ellos no podían encontrar en los libros. En el proceso de su propia sanación, Alfredo comenzó a comprender que, aunque no se puede evitar el dolor, siempre se puede aprender a gestionarlo. En estas páginas, se aborda cómo, a través de su experiencia personal, Alfredo comenzó a convertirse en un modelo de resiliencia para sus alumnos, enseñándoles no solo a ser buenos profesionales, sino también a ser personas emocionalmente fuertes, capaces de afrontar los retos de la vida con determinación.

Liderazgo Tras la Pérdida

A medida que Alfredo avanzaba en su proceso de recuperación conviviendo con muchos altibajos, algo aún más significativo emergió: el liderazgo. A menudo, pensamos en el liderazgo como algo vinculado únicamente a la toma de decisiones o al poder de influir en los demás. Sin embargo, Alfredo descubrió que el liderazgo verdadero tiene mucho que ver con la vulnerabilidad, con ser capaz de reconocer nuestras propias heridas y, desde esa humildad, ayudar a otros a sanar.

El liderazgo emocional que Alfredo empezó a ejercer en su aula fue una extensión de su propia superación personal. Ya no solo era un profesor de FP que enseñaba un oficio, sino también un líder que guiaba a sus estudiantes a través de sus propios momentos difíciles. Les enseñaba que, al igual que él, podían encontrar fuerza en sus debilidades, que podían reconstruirse tras un fracaso y que, lo más importante, podían ser más que sus circunstancias.

Los primeros días fueron muy difíciles. La sombra de la ruptura seguía presente, pero Alfredo se dio cuenta de que, al compartir su proceso con sus estudiantes, compañeros y su fantástico equipo directivo, les estaba transmitiendo algo invaluable: el ejemplo de que no están solos, de que el dolor es parte de la vida y de que, con el apoyo adecuado, se puede transformar cualquier adversidad en una oportunidad de crecimiento. Él entendió que el liderazgo no siempre significa ser el más fuerte o el que tiene todas las respuestas, sino el que, a través de su vulnerabilidad, crea un espacio seguro para el crecimiento mutuo.

El Rol de la Empatía en el Aula

Este enfoque educativo, basado en la empatía y la resiliencia, también repercutió en la relación con algunos de sus colegas de profesión y de departamento y en el entorno escolar en general. Alfredo, al sentirse apoyado por su familia, por su psicóloga, y por su propio proceso de autocomprensión, fue capaz de abrir un espacio en el aula donde la vulnerabilidad no era vista como una debilidad, sino como una fortaleza. En ese espacio, el alumnado se sintió escuchado, comprendido y acompañado, y pudo experimentar una educación mucho más rica y humana.

Este capítulo introductorio quiere ser una reflexión sobre cómo una experiencia de pérdida personal puede transformarse en una lección de vida poderosa, tanto para el educador como para sus estudiantes. La historia de Alfredo es, en muchos aspectos, la historia de todos nosotros. Todos enfrentamos momentos de dolor, pero también todos tenemos la capacidad de levantarnos, aprender de esas experiencias y, a su vez, ayudar a otros a hacer lo mismo. La resiliencia, las lecciones de vida y el liderazgo tras la pérdida son los cimientos de una educación más humana, empática y, sobre todo, profundamente transformadora.

Este libro no solo es una reflexión sobre el proceso de superación personal tras una ruptura matrimonial, sino también una exploración de cómo esa experiencia puede transformar a un ser humano en un mejor educador, líder y ser emocionalmente consciente y competente. A lo largo de estas páginas, vamos a compartir cómo la resiliencia, la empatía y el aprendizaje de las lecciones de vida pueden convertirse en herramientas poderosas no solo para el crecimiento personal, sino también para el acompañamiento de los demás, especialmente en un entorno educativo.

Sin embargo, más allá de la reflexión general, este libro está estructurado de manera que cada bloque aborda una etapa específica del proceso emocional y personal por el que pasé. Cada uno de estos bloques se corresponde con una vivencia concreta que marcó mi camino hacia la sanación y el liderazgo. Desde el dolor de la ruptura, pasando por la búsqueda de apoyo profesional y familiar, hasta el momento en que comencé a aplicar lo aprendido en mis clases de Formación Profesional, cada experiencia se va desglosando de manera ordenada y progresiva.

A lo largo del libro, profundizaremos en los siguientes bloques:

1. **El Dolor de la Pérdida y la Caída:** Aquí exploraré las primeras reacciones ante la ruptura, la confrontación con el vacío y la soledad, y cómo esas emociones, aunque intensas, se fueron transformando en la base de una nueva forma de entender la vida.

2. **El Apoyo Profesional y Familiar:** En este bloque, reflexionaré sobre la importancia de contar con ayuda profesional y el apoyo constante de los seres queridos. El papel de la psicóloga, de la medicina, y de la familia en mi proceso de sanación es fundamental para entender cómo, con el acompañamiento adecuado, cualquier ser humano puede aprender a sanar.

3. **La Pedagogía de la Sanación:** Aquí, profundizaré en cómo las lecciones aprendidas durante el proceso personal de recuperación se integraron en mi rol como educador. Cómo la resiliencia y la empatía se convirtieron en pilares fundamentales en mi gestión del aula y en la relación con mis estudiantes.

4. **El Liderazgo Emocional en el Aula:** En este bloque reflexionaré sobre el rol del docente como guía emocional, cómo compartir mi vulnerabilidad me permitió crear un espacio seguro y de confianza para mis estudiantes, y cómo liderar desde el corazón

y la experiencia personal puede ser una poderosa herramienta educativa.

5. **La Espiritualidad y la Conexión con los Seres Queridos:** Finalmente, exploraré cómo la conexión con los recuerdos de mis madres, María y Marisa, y la sensación de su presencia espiritual, me ofrecieron la calma y la sabiduría necesarias para seguir adelante. Cómo esa "presencia desde el más allá" se convirtió en una fuerza silenciosa de apoyo.

Cada pequeña parte del libro se construye sobre estos bloques de vivencia, proporcionando una visión más profunda de cómo las experiencias personales, por más dolorosas que sean, pueden servir de base para transformar la manera en que educamos, lideramos y vivimos. A lo largo de este libro, te invito a recorrer conmigo este viaje, a explorar cómo la sanación puede ser un proceso educativo, y cómo, desde el dolor, podemos encontrar la fuerza para convertirnos en mejores versiones de nosotros mismos, tanto en lo personal como en lo profesional.

Ahora, te invito a continuar leyendo, con la esperanza de que las lecciones aquí compartidas no solo resuenen contigo, sino que también te sirvan como guía en tu propio camino de sanación y crecimiento.

Zaragoza: ciudad de matices y tonos hacia el abandono

1.

Calle Mayor me arropa en su desdén,
te fuiste y aquí me dejaste caer.
Ecos de pasos, gente y sol a plomo,
pero en mi pecho, solo queda el plomo.
La plaza es grande, tu amor ya no está,
dejaste vacío hasta el Pilar.
Qué cruel es el verano sin tu voz,
se va la vida en silencio feroz.

2.

29 de julio, el día en que huíste,
dejándome solo, como nunca lo viste.
Zaragoza me arde sin tu mirar,
calles sin alma y un gris despertar.
Las piedras calientes parecen hablar,
me cuentan de ti, que ya no estás.
¿Dónde te escondes? ¿Dónde te vas?
Aquí en el centro no queda paz.

3.

Un bar, dos copas, busco tu sombra,
en cada rincón donde antes me amabas.
Quema el recuerdo como el sol de agosto,
quema más fuerte tu ausencia y desgosto.
¿Espejismo o huellas en la Rambla?
Sin ti, la ciudad se vuelve tan calma,
se vuelven crueles las luces de neón,
cuando me arropa este sordo dolor.

4.

La ribera del Ebro me mira impávida,
me vi en su reflejo, roto y pálido.
Te fuiste sin darme ni una señal,
Zaragoza me abraza sin mucho afán.
Despierto en cada rincón de ti,
buscando el amor que solías darme a mí.
Pero la ciudad no me responde,
me dejas en silencio, Juan, ¿dónde?

5.

Cafés solitarios, calles sin risas,
¿dónde están tus huellas, dónde las prisas?
Un adiós sin palabras, tan cruel y fugaz,
se fue tu amor, se llevó mi paz.
El viento caliente de agosto en Zaragoza quema,
lleva tu nombre en susurros de pena.
Pero el eco de tu voz ya no es,
me pierdo en tu ausencia, en mi desdén.

6.

En cada esquina busco tu sombra,
recorro avenidas donde todo, sobra.
En cada esquina que se apaga y enciende,
te busco sin verte, te pierdo, ¿dónde?
Mis ojos ven pero ya no ven,
a un hombre ausente y un mes sin piel.
El calor pesa, sin tu sostén,
camino solo, te busco también.

7.

El casco viejo retumba en su canto,
sin ti en mi vida, todo es desencanto.
Roto en dos, sin pegamento,
me dejó tu adiós en el momento.
Queda solo el calor en mi piel,
ya no el abrazo que alivia mi hiel.
En cada paso que doy, mi desvelo,
sin ti se hace denso el suelo.

8.

Aquel 29 de julio quedé,
varado en el sol que no deja de arder.
Juan, te llevaste la parte de mí
que en Zaragoza lograba vivir.
La ciudad me habla, murmura, me tienta,
pero sin tu risa ya nada sustenta.
Sólo el verano sigue al calor,
sin ti la ciudad se convierte en error.

9.

Quise olvidarte en las sombras del casco,
pero la piedra retiene tu paso.
Zaragoza es testigo de nuestro amor,
y ahora es fiel a mi dolor.
Dejaste las calles vacías de risa,
me dejaste un eco, un vacío, una prisa.
Tu amor se fue, quedó mi canción,
entre las plazas, mi triste oración.

10.

Zaragoza me suena, mas no me ampara,
sin ti las plazas son como cuchara.
Te llevaste el sol en tu despedida,
devolviéndome solo esta herida.
Un cielo vacío, un beso al azar,
dejaste en mí solo tu pesar.
Se fue mi amor, quedé sin razón,
huellas de ti en cada rincón.

Rompecabezas: Entender que hay que dejar de querer

1.

Fuiste la pieza que mi vida buscaba,
en un mundo de bordes, tan incompleta.
Encajamos un rato, un destello fugaz,
como el sol y la luna al cruzar el umbral.
Te fuiste en silencio, me quedé con la forma,
de tu amor que una vez en mis manos brilló.
Hoy la pieza falta, el hueco se siente,
pero aprendí a vivir con ese eco presente.

2.

Madurar fue entender que amarte, a pesar,
significaba alejarme para poder respirar.
La luna y el sol se cruzan tan solo un instante,
como tú y yo, que fuimos fuego en el aire.
Ahora bebo en soledad, con nostalgia y consuelo,
las copas vacías del amor que no puedo retener.
Tal vez un día nos crucemos de nuevo,
y mi mundo reciba al tuyo, tal y como eras.

3.

Como el sol que encuentra a la luna a lo lejos,
fui tuyo por un tiempo, te elegí sin reflejos.
Fuiste mi vida, mi centro, mi paz,
pero entendí que debías volar en soledad.
Hoy nuestros caminos, aunque tan distantes,
guardan en su esencia el rastro del antes.
Siempre tendrás mi mano en algún horizonte,
aunque ahora solo sea una estrella en tu noche.

4.

Mi acto de amor más grande fue alejarme,
dejándote ir aunque deseaba quedarme.
Como piezas que se rozan en el infinito,
fuimos una, aunque al fin separados.
Hoy, en las sombras de lo que tuvimos,
me encuentro solo con lo que sentimos.
Y si decides volver cuando sientas frío,
sabrás que aún queda aquí el vino compartido.

5.

Éramos dos piezas, encontrando su lugar,
un rompecabezas que parecía encajar.
Aún guardo el hueco que dejaste en mi vida,
como un cielo sin sol, como una luna partida.
Te fuiste, y aunque duele, dices que es mejor,
que el amor que te tengo florezca en dolor.
Porque así aprenderé, con el tiempo y la calma,
a querer sin retener, a dejar en el alma.

6.

Como el sol y la luna que se encuentran de paso,
así fuiste tú, mi más dulce fracaso.
Te fuiste dejando el eco de tu amor,
me enseñaste a vivir con este dolor.
Hoy eres ausencia, pero no rencor,
eres la pieza perdida, mi punto de honor.
Queda tu huella y un vacío en el pecho,
donde fuiste tú, y lo que nunca seremos.

7.

Recuerdo los momentos que llenaste de luz,
eras la pieza que completaba mi cruz.
Fuiste mi sol en noches de duelo,
ahora soy luna, rota y en duelo.
Y aunque no me elijas, aunque te alejes,
si un día me buscas, sabré por qué eres.
Siempre te esperaré con copa y paciencia,
porque mi amor fue más fuerte que la ausencia.

8.

Separamos caminos sin vernos a los ojos,
como el sol que se oculta tras un manto rojo.
Fuimos dos almas, encajando al azar,
como piezas que el tiempo no pudo aguantar.
Hoy miro las plazas y siento tu sombra,
aún estás en el eco de la ciudad y sus horas.
Si un día regresas, sin rumbo y sin gloria,
aquí te esperaré, aunque sea en memoria.

9.

Eras mi lugar seguro, mi paz y mi sol,
como la luna en un cielo sin control.
Hoy mi mundo se queda sin ti, sin razón,
sin la pieza que hacía latir mi corazón.
Y aunque no volvamos a vernos de nuevo,
siempre serás el amor que llevo en mi vuelo.
Una parte de mí se quedó en tus manos,
como un sol y una luna que ya no se hallan.

10.

Decir adiós fue el acto de amor más grande,
dejando ir aquello que al fin era frágil.
Como el sol que renuncia a encontrar la luna,
te dejo partir, aunque me arde tu bruma.
Hoy, mi cielo es vacío, mi rompecabezas sin fin,
porque tú eras la pieza que faltaba en mí.
Si el destino decide que vuelvas algún día,
aquí tendrás mi amor, aunque sea en fantasía.

Introspección: Capturar momentos, emociones, pensamientos y albores de tu corazón.

1.

Hoy aún eres mi "nada", mi gran "no sé",
mi respuesta muda cuando me ven sin fe.
Cuando me pierdo en el horizonte lejano,
se asoman tus recuerdos en mi mano.
No hay más respuestas, ni olvido ni razón,
sólo tú en mi mente, como una oración.

2.

Fuiste como esos zapatos gastados y fieles,
aunque nuevos parecían, viejos de pieles.
Nos cuidamos, nos remendamos el amor,
pero el desgaste nos ganó el corazón.
Y aunque sigas siendo un eco en mi piel,
me despido sabiendo que te amé bien.

3.

Mil perdones te debo por el amor dado,
te amé como supe, no como habías deseado.
Mi cariño fue fuerte, pero quizá ciego,
intenté darte todo, aunque en esto me pierdo.
Amarte a mi modo, en mi imperfecto sentir,
quedó en el pasado, en lo que no supe cumplir.

4.

Dejamos tanto en el tintero,
una vida por hablar, un amor sincero.
Quizá un día, en una cita lejana,
podamos resolver nuestra historia temprana.
Nos sentaremos a hablar sin demora,
de todo lo que un día nos unió y nos devora.

5.

Hoy me siento decepcionado y sin rumbo,
mi proyecto de vida se deshizo, profundo.
Pero gracias por cada risa y hogar,
pensé que en ti el amor había de hallar.
A veces el final es lo que me atormenta,
pero tu recuerdo en mi pecho aún alienta.

6.

Te dejé ir como último acto de amor,
cuando comprendí que era un sueño en color.
Tú ya me habías soltado, meses atrás,
y yo seguía sin saber cómo dar marcha atrás.
Mi amor no bastó para salvarnos los dos,
me perdí en la lucha, en el adiós.

7.

No eres mi "ex", eso no define quién eres,
fuiste el amor de mi vida, en todos mis bienes.
Aún cuando te fuiste, en mí quedaste,
como el amor que un día me diste y tomaste.
Siempre serás el que nunca se irá,
aunque te llame "pasado", mi amor aún será.

8.

¿Cuánto falta para volver a sentir,
el calor de tus brazos y por fin coincidir?
Hoy te añoro y me duele el vacío,
quiero abrazarte, llenarme de tu rocío.
Quiero verte y saber que aquí estás,
aunque sea un deseo, un anhelo fugaz.

9.

Te escribo porque te sueño y no te tengo,
te extraño aunque el olvido es mi dueño.
Abro los ojos y todo es oscuridad,
mi único deseo es tu felicidad.
Donde quiera que estés, que vuelvas a mí,
yo estaré aquí, esperando por ti.

10.

Un día me tatuaré una palabra nuestra,
esa que nadie comprende ni molesta.
Será un secreto entre tú y yo, amor,
un símbolo de lo que fuimos, de nuestro fervor.
Aunque sólo tú y yo sepamos su peso,
ese tatuaje será nuestro beso.

11.

Acordarme de ti no es sólo llamarte,
es verte en cada instante, cada arte.
Es mirar al cielo y pedir con fervor,
que alguien allá te cuide con amor.
Es seguir queriéndote en el silencio,
es pedirle a la vida tu regreso en un verso.

12.

Eras esa pieza que a mi vida encajó,
tan única, tan tuya, tan nuestro amor.
Y aunque te hayas ido, sigo buscando,
en otros rostros, en otros sueños, caminando.
Te pienso en mis noches, te busco en mi paz,
quizá algún día nos encontremos atrás.

13.

A veces cierro los ojos y te imagino,
en el mismo rincón donde compartimos destino.
Aunque hoy te hayas vuelto sólo un "ayer",
siempre serás quien me enseñó a querer.
Si algún día volvemos a cruzarnos,
sabremos que en el pasado nos amamos.

14.

Me quedo en silencio cuando preguntan de ti,
no sé qué decirles, no sé ni qué es de mí.
Sigo perdido entre el amor que te di,
como un eco que vuelve, sin fin, a ti.
Serás siempre un recuerdo que no puedo soltar,
aunque el tiempo lo intente borrar.

15.

Cada noche es un recuerdo que me duele,
de un amor que el tiempo deshace y muele.
Hoy te pienso, como el sol a la luna,
mi amor que te sigue sin razón alguna.
Porque en el vacío aún eres mi fe,
el amor que un día tuve y no dejé.

16.

Algún día te encontraré en mis sueños,
y veremos si aún tenemos dueños.
Habrá una cita en algún lugar,
donde podamos todo hablar.
Te guardo en el rincón de mis recuerdos,
en los que tú y yo nos hacemos eternos

17.

Nunca fuiste un "ex" ni un "adiós" final,
fuiste un amor tan grande, tan real.
Hoy sé que no puedes volver,
pero en mi vida, nunca te dejaré de querer.
Serás el amor que no pude olvidar,
el que en mi pecho siempre ha de estar.

18.

Cuando me preguntan qué estoy pensando,
me pierdo en el horizonte, quedo vagando.
Allí estás tú, en cada idea, cada suspiro,
como un sueño que no borra el destino.
Eres la nada y el todo en mi mente,
el amor que sigue vivo, aunque ausente.

19.

Podría tatuarme algo que te recuerde,
un símbolo de amor que nunca muere.
Un secreto guardado, sólo para los dos,
ese amor que no se lleva ni el adiós.
Será nuestra historia escrita en mi piel,
para que siempre vivas, fiel.

20.

A veces el cielo me recuerda a ti,
como si en sus colores te pudiera sentir.
Le pido a las estrellas que te cuiden,
que, aunque lejos, nuestro amor no olvide.
Quizá algún día volvamos a ser,
como el sol y la luna al amanecer.

21.

Desde mi despacho, te observaba en silencio,
tus manos creando en collage, sin cesar,
el brillo de la pantalla en tu rostro atento,
tu mundo de ideas, todo un arte de hogar.
Horas de juego, de tele, de calma infinita,
cada rincón impregnado de tu estar,
como si en cada espacio tu esencia gravita,
y hasta el sofá parece esperar.

22.

La mesa vestida, ritual en cada comida,
sintonizabas programas, con calma y saber,
desde el arte de cocinar hasta el telediario,
o reíamos juntos con "Estirando el chicle" al aire.
Tu compañía llenaba la casa de vida,
pequeños momentos que vuelven a doler,
ahora el eco de tu risa es solo una herida
que el tiempo apenas alcanza a coser.

23.

Verte trabajar era como una danza,
a veces en silencio, a veces con risas al pasar,
el pasillo respiraba tu presencia,
tus ideas flotaban, llenándolo de paz,
mientras una habitación se llenaba de libros sin más,
Desde el despacho, observaba en calma,
tu figura frente al ordenador, tan singular,
como si fueras el alma que con tus cascos da vida y calma,
a este hogar que hoy se siente un poco más gris y par.

24.

Eras mi "musa" cotidiana, mi rincón compartido,
un collage de vida en cada día y cada rincón,
del sofá a la mesa, el ordenador encendido,
eras lo simple y lo complejo en una sola canción.
Ahora los ecos de esas horas se sienten fríos,
vacíos los programas, vacía la inspiración,
como si el alma de este espacio se hubiera ido,
dejando tan solo un reflejo en la habitación.

El refugio de una cama: el vacío y la soledad nocturna, el peso de la ausencia y el consuelo.

1.

La noche cae como un manto espeso,
mi cama es una isla en este abismo inmenso.
En el silencio denso, cierro el pestillo,
le temo a la soledad que aguarda en su filo.
La humedad se mezcla con el frío latente,
mi cama es mi refugio, aunque me sienta ausente.

2.

Esta cama vacía, solitaria y sombría,
se ha vuelto la sombra de mi melancolía.
Afuera, el viento susurra tristezas,
adentro, el eco de las viejas promesas.
Cierro la puerta y le huyo al olvido,
porque aquí, en mi cama, es donde aún te persigo.

3.

Mi cama es refugio y también mi condena,
una celda de noche y recuerdos que suenan.
Cierro el pestillo para ahuyentar la pena,
pero en la oscuridad, tu ausencia me llena.
En cada rincón se siente el vacío,
en cada rincón se deshace lo mío.

4.

La noche es un peso que aplasta mi ser,
mi cama, refugio donde temo caer.
Húmeda y fría, sin tu calor,
es mi guarida y también mi dolor.
Cierro la puerta para escapar de la soledad,
pero ella ya habita en mi piel, sin piedad.

5.

Esta cama es mi fortaleza y mi duelo,
se hunde en la noche y desafía mi anhelo.
El miedo a la soledad se queda tras la puerta,
pero su sombra se infiltra y no me suelta.
Mi refugio es débil, mi soledad fuerte,
en cada noche siento su suerte.

6.

La soledad toca, la siento al respirar,
mi cama, empapada en su eterno pesar.
Aquí no hay calor, no hay consuelo,
solo la fría humedad de un vacío desvelo.
Cierro el pestillo, me encierro en mi piel,
mi cama me abraza, y con ella soy fiel.

7.

Oscura, inmensa y sin calor,
mi cama es testigo de este temor.
Le temo a la noche y su fría presencia,
cierro la puerta, busco mi esencia.
Pero el vacío es un huésped tenaz,
y en mi soledad, me siento incapaz.

8.

Cierro el pestillo para espantar el eco,
de una soledad que se instala sin freno.
La cama, sin compañía ni consuelo,
es mi refugio y mi duelo eterno.
En la humedad fría y la oscuridad,
encuentro el peso de esta soledad.

9.

Una cama vacía, húmeda y sombría,
la noche cae sin tregua ni alegría.
Cierro la puerta, pero el vacío entra,
se acuesta conmigo, y a mi alma penetra.
Refugio y castigo, en este rincón,
me acompaña el frío de tu evasión.

10.

La soledad llama y yo le cierro el paso,
mi cama es mi mundo, mi único lazo.
Afuera el silencio, adentro el pesar,
mi refugio sombrío, donde intento olvidar.
Una cama fría, sin huella de amor,
donde descanso y muero en dolor.

11.

Le temo a la noche y al peso de su frío,
mi cama es la jaula donde aún te ansío.
Cierro el pestillo, el miedo se queda,
mi refugio es una prisión en espera.
En la humedad que me abraza sin fin,
se deshace el amor que guardé para ti.

12.

En la oscuridad, la cama es mi consuelo,
un espacio de sombras y desvelo.
Le temo a la soledad y su paso callado,
pero en esta cama, me siento atrapado.
Húmeda y fría, sin tu calor,
mi cama es testigo de todo mi dolor.

13.

La soledad toca y yo cierro el pestillo,
me encierro en mi cama, mi único abrigo.
Aquí donde antes reías y amabas,
hoy solo queda el vacío que clamas.
La humedad de las lágrimas que caen,
en esta cama sombría, donde ya no hay nadie.

14.

Cierro la puerta para no ver la verdad,
que en esta cama sólo queda la soledad.
Un refugio vacío, donde falta tu piel,
mi cama es un abismo, un oscuro vergel.
Húmeda y fría como mi propia esencia,
mi refugio es tan solo tu cruel ausencia.

15.

La cama, fría y sombría, sin compasión,
me recuerda que ya no tengo tu corazón.
El pestillo cerrado no ahuyenta el miedo,
y en esta tediosa cama, mi alma se queda en suspenso.
Refugio de noches largas y en calma,
donde mi soledad es la única que manda.

16.

El eco de la soledad me rodea,
mi cama es el campo donde todo se queda.
Cada noche, cierro el paso a su voz,
pero la humedad me recuerda que no hay dos.
Aquí donde tú y yo nos pertenecíamos,
ahora sólo el vacío y la ausencia reinan.

17.

Mi cama es un refugio oscuro y sombrío,
donde el frío cala y el amor es un río.
Cierro la puerta, pero no escapo,
mi única compañía es el desamparo.
La soledad se cuela en cada rincón,
y me quedo atrapado en su resignación.

18.

En el silencio, la cama me abraza,
sin calor, sin piel, sin casa.
Cada noche le temo a la soledad,
cierro el pestillo, pero igual me hallará.
Refugio vacío, en esta oscuridad,
donde habita el eco de mi necesidad.

19.

La cama es el rincón donde te recuerdo,
un refugio sombrío, mi único acuerdo.
Cierro el paso a la soledad que se cierne,
pero en esta cama, el vacío me retiene.
Mi único refugio en esta tempestad,
donde muero cada noche en soledad.

20.

Fría y húmeda, mi cama me consume,
un refugio sin calma, un amor que no asume.
Cierro el pestillo, intento escapar,
pero la soledad se cuela al respirar.
En esta cama, donde el dolor yace,
me abrazo a la sombra de lo que no nace.

21.

Por la noche deambulo en silencio,
el pasillo se alarga como el eco del dolor,
donde una vez tus pasos eran mi refugio,
y ahora la ausencia me susurra su ardor.
El recuerdo de tu voz en cada esquina,
se mezcla con la sombra de lo que fue,
y al caminar solo, mi alma se inclina,
a llorar por el amor que ya no está aquí.

22.

Al llegar a casa, el aire ya no huele a ti,
ni siquiera tu pijama guarda tus huellas,
la casa vacía grita la soledad de lo que perdí,
y en cada rincón la tristeza me sella.
Ya no queda tu risa, ni tus pasos ligeros,
solo el eco de un tiempo que ya no es,
y al abrir la puerta, siento el peso de lo incierto,
un hogar despojado de tu amor y de tu ser.

23.

Extraño verte en la cocina, pensativo,
preocupado por la economía, el menú, la salud,
planificando las semanas, siempre con motivo,
buscando mejorar lo nuestro, sin ningún tabú.
Tu mente era un mapa que nos guiaba,
a comer mejor, a vivir más tranquilos,
y ahora todo se queda en lo que quedaba,
una rutina que ahora parece un suspiro.

24.

Hoy me acuerdo de ti, en esa madrugada,
cuando nuestra mascota dio vida a su primera camada,
tú, siempre a su lado, con mirada atenta,
cuidando cada uno, sin descanso ni tregua.
Te felicito, porque en esos momentos difíciles,
fuiste mi sostén, mi paz, mi guía,
y esa guardia inquebrantable, en todo instante,
hizo más fuerte nuestra unión, nuestra alegría.

Inseparables compañeras: Testigos y partícipes de una ausencia, de un duelo.

1.

Baba y Toto, en su pequeño rincón,
sienten el eco de su ausencia, el dolor.
Sus ojitos buscan a Juan por la sala,
sus pasos, su risa, que ahora no escala.
En cada caricia, intentan sanar,
a su dueño triste que ellas quieren cuidar.

2.

Ellas entienden el vacío en la casa,
como sombras fieles, su amor nunca pasa.
Baba se acurruca, Toto da vueltas,
saben que su dueño también se lamenta.
Ellas también sienten el peso de Juan,
en su silencio, su compañía le dan.

3.

Baba se sienta junto a él, callada,
con ojos de amor, su pena es calmada.
Toto juguetea, trae un juguete,
quiere distraerlo, sacarlo de ese brete.
Ambas sienten la falta de su amigo,
y con su cariño, intentan estar consigo.

4.

En el rincón donde Juan solía estar,
Baba y Toto lo buscan sin parar.
Pequeñas guardianas de su dueño triste,
con su amor sincero que nunca desiste.
Ellas sienten el duelo en el hogar,
y le dan su calor, lo ayudan a sanar.

5.

Toto lo observa con ojos atentos,
Baba lo abraza en sus momentos lentos.
Ellas también sienten el cambio en el viento,
y ofrecen su compañía como un aliento.
Cada vez que él suspira o se va,
ellas están cerca, nunca lo dejarán.

6.

Baba se acurruca junto a su pie,
Toto se sienta y lo mira, fiel y de fe.
Ambas perciben la pena en el aire,
y le dan a su dueño consuelo en cada instante.
Son sus pequeñas curanderas de amor,
sanando su herida con calor.

7.

Las noches son largas, el silencio es fuerte,
pero Baba y Toto le ofrecen su suerte.
Aunque también extrañan a quien ya no está,
en cada mirada le dan su paz.
Son sus pequeñas, su fiel compañía,
el consuelo que llena su melancolía.

8.

Baba en su pecho, Toto en sus pies,
le brindan consuelo en este revés.
El recuerdo de Juan vive en sus juegos,
y en sus miradas que aún sienten su apego.
Aunque ellas también lo extrañan a él,
se quedan con su dueño, fieles como la miel.

9.

Toto aún espera su sentar en el salón,
Baba percibe su aroma en el sillón.
Cada rincón trae un eco de su amor,
y ellas sanan a su dueño en su dolor.
No dejan que la tristeza lo venza,
sus pequeñas patitas le ofrecen defensa.

10.

Baba y Toto le llenan de abrazos, besos y chupetazos,
un consuelo suave en estos pasos.
Ellas sienten el vacío en casa,
pero junto a su dueño su amor no pasa.
Le recuerdan que no está solo aquí,
son sus compañeras hasta el día de su fin.

11.

Baba le ofrece su calor en la cama,
Toto lo acompaña cuando la tristeza llama.
Ambas pequeñas lo sanan con su amor,
llenan su vida de luz y color.
Aunque también sienten que falta alguien,
su lealtad le ayuda a sentirse bien.

12.

En sus miradas, hay algo de consuelo,
un intento de curarlo, de sanar su duelo.
Aunque ellas también sienten la falta de Juan,
se acurrucan a su lado, siempre leal.
Pequeñas y fuertes, le dan esperanza,
en cada paso, su amor lo alcanza.

13.

Baba en su pecho, Toto en el suelo,
sus suspiros calman su duelo.
Aunque extrañan a quien ya no está,
su dueño triste, saben consolar.
Con cada caricia, con cada latido,
sanarán juntos, de forma sencilla y sin ruido.

14.

Ambas perritas sienten la pena en casa,
y con cada lamida su tristeza, abrazan.
Aún buscan a Juan, en cada rincón,
pero su amor para con su dueño es su misión.
Baba y Toto, en su lealtad pura,
son su refugio en esta aventura.

15.

En el silencio de la noche profunda,
ellas le ofrecen su paz rotunda.
Toto trae su juguete, Baba su calor,
intentan llenar su corazón de amor.
Su compañía es todo lo que necesita,
mientras las heridas de su alma se cierran y curan.

16.

Aunque las paredes hablen de alguien que se fue,
Baba y Toto saben cómo él que aún está de pie.
Se acurrucan con él en la fría cama,
cada una con su amor, que nunca acaba.
Le recuerdan que nunca está solo aquí,
porque su lealtad es eterna hasta el fin.

17.

Cada día es un nuevo intento de sanar,
Baba y Toto lo ayudan, sin éxito, a olvidar.
Aunque también extrañan su aroma y su risa,
se quedan cerca, lo protegen sin prisa.
Ellas son el abrigo que le devuelve el calor,
en este penoso duelo, le brindan su amor.

18.

La casa guarda ecos de su risa lejana,
y ellas lo sienten en cada mañana.
Toto y Baba lo miran, y en silencio,
le devuelven el calor que falta en su pecho.
Son sus pequeñas, sus almas de sol,
que curan sus noches con suave amor.

19.

En su tristeza, él no está solo,
Baba y Toto lo abrazan con todo.
Pequeñas sanadoras de patas y amor,
le ayudan a sobrellevar su dolor.
Con cada ladrido, con cada gesto,
le ofrecen el calor que tanto le resta.

20.

Baba se apoya en su pecho, callada,
Toto le ofrece su compañía abnegada.
En el silencio donde Juan ya no está,
ellas, fieles, su dolor sabrán sanar.
Aunque también sientan la falta en el aire,
su dueño las tiene como su dulce donaire.

Proceso de sanación: Espacio e intervención

1.

Una psicóloga entra en su vida sin prisa,
suave voz y mirada precisa.
Le ayuda a ver su dolor sin juicio,
a expresar lo que guarda, soltar su suplicio.
Ella le ofrece un espacio seguro,
y él comienza a sentir que no todo es oscuro.

2.

Con cada sesión, Alfredo empieza a confiar,
las palabras que antes dolían, ahora saben sanar.
La psicóloga guía su lento despertar,
mostrándole cómo volver a soñar.
Pequeños pasos hacia la claridad,
siente que, por fin, respira en paz.

3.

La salud pública se une al cuidado,
con medicina y apoyo tan esperado.
Alfredo encuentra en su ayuda consuelo,
pues Germán, cuida su cuerpo y su duelo.
Una dosis de paz y de esperanza nueva,
le da fuerzas para enfrentar la prueba.

4.

Junto a la terapia, los médicos lo cuidan,
y en cada consulta sus miedos se disipan.
Sentirse amparado, seguro, escuchado,
le devuelve fuerzas que creía enterrado.
La ciencia y el cariño son su sustento,
y en su pecho renace un nuevo aliento.

5.

Una llamada de Jhonny rompe el silencio,
su hermano, en la línea, le habla con aprecio.
Le recuerda momentos que compartieron,
la cercanía y el lazo sincero.
Alfredo sonríe, siente la mano fraterna,
y en su corazón, un calor se aferra.

6.

Jhonny le escucha, con calma y cariño,
le da palabras de apoyo, como cuando era niño.
Es un abrazo en la distancia, pero real,
le recuerda que no está solo en su mal.
Un consuelo que da fuerzas, nuevo respiro,
el amor de hermano, eterno suspiro.

7.

Luego José, en otra llamada sincera,
le dice que está para él, que su amor espera.
En sus palabras hay paz, en su tono ternura,
le recuerda que la familia es parte de la cura.
José le cuenta anécdotas, historias vividas,
y Alfredo se siente parte, se siente en vida.

8.

José le habla de tiempos antiguos,
de risas y juegos, de sueños contiguos.
Le dice "Estamos aquí, tú no estás solo,"
y Alfredo siente el apoyo, como un consuelo.
El cariño fraterno que lo hace fuerte,
una ayuda que lo empuja a ser valiente.

9.

Llega la voz de Iván, con su energía,
contagiando a Alfredo de nueva alegría.
Le recuerda su valor, su esencia entera,
que su presencia siempre fue sincera.
Iván es el amigo, el hermano, el apoyo,
con sus palabras le ahuyenta el despojo.

10.

Iván ríe y le hace bromas, tan de hermanos,
y Alfredo siente el abrazo, aunque lejano.
Es un eco de tiempos felices, sin peso,
un ancla firme en este proceso.
Con Iván, Alfredo siente que la vida
le regala risas que nunca se olvidan.

11.

Y llega entonces la familia extendida,
el amor de Azucena y José, su auténtica guarida.
Alfredo escucha a sus sobrinas reír,
siente un gozo que le invita a vivir.
Ellas le devuelven su luz y su calma,
llenan de color su herida en el alma.

12.

Azucena, con su dulzura y su abrazo,
le hace sentir que no está en el ocaso.
Le da palabras de aliento, le brinda amor,
y Alfredo siente que se sana su dolor.
Con José y su familia a su lado,
siente que el mundo aún le es sagrado.

13.

Cada una de las niñas trae alegría,
con su inocencia, su risa, su fantasía.
Ellas pintan de colores su día,
y Alfredo sonríe, ya no hay agonía.
Su familia es su fuerza, su inspiración,
un bálsamo para su corazón.

14.

Las sobrinas zapatean y le abrazan sin miedo,
en sus ojos, Alfredo encuentra un nuevo cielo.
Esas sobrinas son su esperanza,
le devuelven la vida y la confianza.
Ellas, sin saberlo, sanan su alma,
con cada sonrisa, con cada calma.

15.

Los días pasan y Alfredo se siente mejor,
sabe que su familia es su gran motor.
Las llamadas, las risas, el apoyo fiel,
le han devuelto a la vida, un renacer.
Ya no está solo, ya no hay desconsuelo,
en su corazón, florece el cielo.

16.

Entre la terapia, la medicina y el amor,
Alfredo va sanando, curando el dolor.
Cada abrazo, cada palabra sincera,
le dan fuerzas para afrontar la espera.
Su familia es su pilar, su ancla de paz,
y con ellos, el futuro ve con solaz.

17.

Azucena le prepara un café, le sonríe,
le dice que la vida aun así, se vive.
José lo escucha, sus sobrinas lo alegran,
y Alfredo siente que la esperanza se integra.
Con cada palabra, con cada abrazo,
reconstruye su vida, paso a paso.

18.

El amor familiar se convierte en medicina,
una cura lenta, pero genuina.
Cada uno aporta, cada uno sana,
en sus brazos, Alfredo encuentra calma.
Y con ellos cerca, siente que vive,
siente que, a pesar del duelo, se sobrevive.

19.

La psicóloga le da herramientas nuevas,
la medicina, en el tiempo, sostiene sus pruebas.
Y en el amor de sus hermanos, tan sincero,
Alfredo encuentra su refugio entero.
Con ellos, descubre que la vida aún brilla,
y que en la familia está su maravilla.

20.

En cada llamada, en cada gesto cercano,
Alfredo encuentra su refugio humano.
Las palabras de cariño, el apoyo incondicional,
son el remedio para su mal.
Gracias a ellos, Alfredo renace,
y en sus brazos, su esperanza yace.

21.

Gracias, Miguel Ángel, por ser el amigo que nunca falla,
por brindarme tu hombro y ser mi fortaleza cuando el alma se

[desmaya.

Leticia, tu bondad fue bálsamo, calmando mi herida,
con tu comprensión, ayudaste a que mi corazón volviera a la vida.
Juntos, como un par de ángeles, me han guiado sin pedir,
y a cambio de nada, me han dado todo para seguir.

En aguas del Cantábrico, compartimos silencios y risas,
caminando juntos en calma, alejados de las prisas.

22.

Raúl, amigo leal, siempre dispuesto a estar,
en cada llamada, en cada encuentro, me enseñaste a confiar.
Paciente y cercano, sin presionar ni pedir,
a tu lado entendí que la amistad es saber persistir.
Aunque mis días fueran grises y me costara salir,
tú siempre estuviste ahí, sin dejar de sonreír.
Gracias por tu apoyo constante, tu presencia sin igual,
eres un refugio de calma en este viaje tan personal.

El enfoque materno-filial: conexión profunda y espiritual

1.

Desde el cielo me susurran, suaves y serenas,
"Alfredo, calma, el tiempo cura las penas."
María y Marisa, mis madres queridas,
me aseguran que en esta ciudad seguiré con vida.
"Sanarás, hijo," sus voces me dicen,
y en cada susurro mis miedos se disipan.

2.

"Todo sigue su curso, no temas, mi amor,"
María me dice en un susurro menor.
"Te duele hoy, pero pronto vendrá la paz,
y esta herida cerrará, ya verás."
Con su voz dulce, me calma el latido,
me envuelve en amor, en un eterno abrigo.

3.

"Marisa y yo estamos aquí contigo,"
dice María, como un fiel abrigo.
"No sufras tanto, el tiempo hará su parte,
y sanarás cada herida en el alma y en tu arte."
Ellas me cuidan, me llenan de paz,
me prometen un futuro que brillará más.

4.

"Juan tomó su camino, déjalo seguir,
tú, Alfredo, mereces paz y vivir,"
Marisa me susurra, con voz tan serena,
como un bálsamo que mitiga mis penas.
Ellas saben que el dolor es temporal,
que, en su amor, mi alma sanará al final.

5.

En la noche, escucho sus palabras de aliento,
"Todo lleva su curso, confía en el viento."
María me dice, "Te curarás del dolor,
y volverás a encontrar en Zaragoza el color."
Sus voces me abrazan, mis madres me guían,
y me prometen que esta tristeza se irá.

6.

"Tu misión es amar sin reproches ni prisas,
y en el perdón hallarás la brisa,"
Marisa me dice al oído con fe,
"aunque Juan esté lejos, tú sigue en pie."
Me enseñan que el perdón es la clave escondida,
que, aunque duela, es la senda de vida.

7.

En el silencio nocturno, me hablan bajito,
"Estás donde debes, todo es infinito."
María y Marisa, desde lo alto me dicen,
"En esta ciudad, tu dolor se disipa."
Con su consejo, mi pecho respira,
y siento que mi tristeza gira.

8.

"Zaragoza es tu hogar, ahí debes sanar,
y en tu corazón la paz hallarás,"
me dicen mis madres, tiernas y ciertas,
sus voces en mi alma están abiertas.
"Todo sigue su curso, y tú, sanarás,
te acompañamos, no estás solo jamás."

9.

"Déja a Juan su propio camino, su paso,
y en el tuyo encuentra el abrazo,"
María me dice, su voz suave y clara,
"la paz te alcanzará, no te hará falta nada."
Mis madres me calman, me ofrecen consuelo,
sus palabras son guía, bálsamo y cielo.

10.

"Te sanará la paciencia y el tiempo, hijo,
como las olas calman al río sin prisa ni brillo,"
Marisa susurra, segura y eterna,
me enseña que la vida tiene una senda.
Me dice que el perdón será mi canción,
y que en él hallaré la redención.

11.

"Aunque Juan ya no esté, sigue adelante,"
me susurran mis madres, como un eco constante.
"El amor se transforma, no es una cadena,
deja que en tu alma quede su estela serena."
María y Marisa, mis madres divinas,
me guían con palabras que calman mis ruinas.

12.

"Este dolor, Alfredo, también pasará,
y un nuevo amor en tu vida entrará,"
me dicen ambas, con voces tan tiernas,
"tu sanación será como flores en primavera."
Ellas me enseñan que el amor nunca se acaba,
solo se transforma, nunca se desgasta.

13.

"Tu herida no será eterna, hijo querido,
te curarás con el tiempo, tenlo entendido,"
me dice María, con voz de amor puro,
y Marisa asiente, fuerte y seguro.
En sus susurros siento el camino,
y en su promesa, descubro mi destino.

14.

"No ceses en ayudar a Juan, hazlo desde tu propia paz,"
me susurran mis madres, sin prisas ni más.
"El amor en la distancia también puede sanar,
y en tu corazón siempre él permanecerá."
María y Marisa, mis madres de luz,
me enseñan a amar sin carga ni cruz.

15.

"Todo está bien, y todo irá mejor,
no temas a la tristeza ni al dolor,"
me dicen mis madres, desde su cielo,
"tu sanación será completa, y verdadero tu vuelo."
Sus voces calman mi pecho y mi piel,
en su promesa descubro mi propio ser.

16.

"Desde aquí te vemos y sabemos que puedes,
sanarás, Alfredo, aunque ahora dudes."
Susurran mis madres, serenas y fuertes,
"el dolor es solo una pausa, no una suerte."
Y en su voz siento la calma final,
un amor que no teme, un amor celestial.

17.

María y Marisa, en cada susurro,
me enseñan que el perdón es mi único recurso.
"Sanarás, Alfredo, volverás a amar, sea él u otro será"
me dicen mis madres, en su verdad.
Me dan fuerzas para soltar el pesar,
y su amor es mi aliento para continuar.

18.

"Todo sigue su curso, todo sanará,
y tu corazón de nuevo brillará."
Me dicen ellas, mis ángeles fieles,
"cuida tu alma, no temas a lo que duele."
María y Marisa, en cada palabra,
me muestran que la paz me aguarda.

19.

"Este dolor te hará fuerte, Alfredo querido,
aprende de él, y sigue tu camino."
Susurran mis madres, eternas y ciertas,
"tu corazón es fuerte, tu alma despierta."
Me enseñan a ver la vida con calma,
y en su amor siento paz en el alma.

20.

María y Marisa, con voces suaves y claras,
me enseñan que el dolor también, sana.
"Desde el cielo te vemos, todo está bien,
solo confía en que el amor volverá también."
Ellas me llenan de fe y esperanza,
y en su promesa encuentro la confianza.

21.

Desde el cielo, María y Marisa me cuidan,
sus miradas se sienten, sus voces me guían.
Aunque sus brazos ya no me rodean,
sé que en mi vida su amor aún flamea.
Dos estrellas vigilantes en la noche oscura,
son ellas mis guías, mi amor y ternura.

22.

María, mi madre, mi raíz primera,
y Marisa, quien fue mi segunda bandera.
Ambas me miran desde lo alto y el viento,
y en mi corazón las siento en cada momento.
En su ausencia, su amor me cobija,
son mi luz, mi calma escondida.

23.

Echo de menos sus manos, su consuelo,
y en el silencio, levanto mis ojos al cielo.
Madre María, madre Marisa, desde allá,
les hablo en mis noches de soledad.
Sé que me escuchan, sé que me ven,
y en su amor eterno encuentro mi bien.

24.

Cuando el dolor me aprieta y todo pesa,
recuerdo que sus almas están cerca.
Aunque no las vea, en mi pecho están,
sus risas y abrazos nunca se irán.
Son mis madres, mis ángeles protectores,
guardianas de mis penas, mis dolores.

25.

Madre María, que en vida me dio el ser,
y Marisa, quien me enseñó a querer.
Ambas en mi vida dejaron huella,
su amor sigue brillando como estrella.
Aunque ya no estén aquí, junto a mí,
en cada susurro las siento latir.

26.

Si cierro los ojos, siento su abrazo,
me llenan de fuerza, me sostienen despacio.
A María le debo mi primera sonrisa,
a Marisa el cariño que nunca precisa.
Hoy las busco en el cielo y les rezo,
y en su amor eterno, de mi duelo, me fortalezco.

27.

En el rincón de mi alma ellas habitan,
en cada lágrima sus nombres se gritan.
Su amor me sostiene, su recuerdo es paz,
en su ausencia, su esencia me da solaz.
Aunque me falten, las siento aquí,
como un susurro que me hace vivir.

28.

Las noches son largas sin su consuelo,
pero en el silencio levanto mi vuelo.
Sé que desde el cielo me observan en calma,
y en mis momentos de angustia me salvan.
Ellas son mis madres, mi amor profundo,
sus almas son mi refugio en este mundo.

29.

María y Marisa, dos faros en mi vida,
aun en su ausencia, su amor no se olvida.
Me cuidaron en vida, me enseñaron a ser,
y aunque no las tenga, su amor puedo ver.
Desde allá arriba, sé que me miran,
y en cada paso me guían y me inspiran.

30.

Hoy las siento en el viento, en el amanecer,
dos presencias que nunca dejan de ser.
María, mi origen, mi historia de amor,
Marisa, mi refugio en el dolor.
Aunque ya no pueda oír su voz,
las siento en mi pecho, cerca de Dios.

31.

María me dio la vida, me enseñó a reír,
Marisa fue quien me ayudó a vivir.
Ambas en su amor me arropan de lejos,
en mi corazón, las llevo como reflejos.
Sé que en la distancia están conmigo,
como ángeles, guiándome en mi camino.

32.

Cada noche alzo la vista al cielo,
buscando en las estrellas, para mi duelo, su consuelo.
Ellas, que tanto amor me dieron,
aunque ya no estén, sus huellas me ofrecieron.
Son mi aliento, mi paz en la tormenta,
dos presencias que en el alma se sustentan.

33.

Si el vacío de la vida me abate,
pienso en ellas, y mi espíritu late.
Madre María y madre Marisa,
me protegen desde el cielo, sin prisa.
En cada pensamiento, en cada día,
me ofrecen su amor, mi guía en la vida.

34.

María y Marisa, dos almas brillantes,
que en mi memoria son siempre vibrantes.
Aunque el tiempo se las haya llevado,
su amor sigue aquí, fuerte y sagrado.
Las busco en cada rincón y me consuelan,
en su amor eterno mis penas se llenan.

35.

Ellas son las raíces de mi esencia,
mi consuelo en los días de ausencia.
Madres queridas, en mis sueños están,
con su cariño que nunca se irá.
Aunque el mundo esté en silencio y vacío,
su amor siempre me hará sentir abrigo.

36.

Cada lágrima que derramo las busca,
en el viento y en el cielo las escucho.
María y Marisa, mis dos guardianas,
sus presencias eternas, siempre hermanas.
Aunque en cuerpo ya no estén aquí,
en mi corazón viven, cerca de mí.

37.

El amor de ellas me abraza sin fin,
es un susurro, un eco, un jardín.
María y Marisa, mis madres amadas,
en cada paso, en cada jornada.
Son las voces que me dan calma,
las siento, las llevo en mi alma.

38.

Madre María, madre Marisa, dos luces,
que desde el cielo mi camino conducen.
Me sostienen en cada paso y caída,
son el sostén de mi vida perdida.
Aunque sus brazos ya no me arropen,
su amor en mí nunca se rompe.

39.

Al cerrar los ojos las veo sonreír,
como un abrazo que nunca va a partir.
Desde el más allá, ellas me guían,
en mi duelo, su amor me alivia.
Sus voces en mi mente, suaves, eternas,
mi hogar, mi vida, mi paz interna.

40.

Madre María y madre Marisa,
dos almas que mi vida eternizan.
Aunque ya no escuche sus risas,
en cada latido están, sin prisa.
Ellas, mis protectoras y mi canción,
son mi fortaleza, mi corazón.

Mis sinceros y profundos deseos en una distancia lejana:
Conexión, crecimiento, amor y entendimiento mutuo.

1.

Hoy quiero preguntarte, ¿cómo te encuentras?
¿Quién te acompaña en tus días, en tus sueños?
Espero que hayas encontrado la paz que buscabas,
y que tu camino sea claro, lleno de pequeños dueños.
Te pregunto sin prisa, con cariño y sin temor,
porque aún guardo en mi pecho ese amor que vivió,
aunque el tiempo nos haya distanciado,
siempre desearé que tu vida sea un buen legado.

2.

Deseo que nuestros destinos se crucen otra vez,
cuando las heridas ya hayan sanado en su ser,
cuando las cicatrices se conviertan en huellas,
y nuestras almas puedan hablar sin temer.
El tiempo nos da espacio para crecer y sanar,
pero cuando volvamos a encontrarnos, sin dudar,
seremos dos seres renovados por la vida,
y nuestra historia será una nueva herida sanida.

3.

Espero que tu vocación de enseñar no haya cambiado,
pues un gran esfuerzo y coste en nosotros ha calado,
que sigas firme en ese camino que has forjado.
Recuerda que en tu creatividad y tus manos hay un poder

[inmenso,

el de transformar vidas con tus sueños y esfuerzo.
No dejes que la vida te apague ese fuego,
que sigas siendo el profesor lleno de empeño,
guiando con amor, sabiduría y paciencia,
porque tu proyecto es más que una simple ciencia.

.

4.

Deseo que algún día me busques, cuando no haya más,
cuando los cuerpos a tu alrededor no puedan llenar
el vacío de lo que un día compartimos,
cuando las manos ajenas no puedan acariciar
como las mías lo hacían en la calma,
cuando los abrazos no se amolden a tu alma.
Entonces, tal vez, en tu corazón habrá un espacio,
y me encontraras de nuevo, con el mismo abrazo.

5.

Fuimos, somos y seremos, siempre en mi mente,
te quise, te quiero, y te querré eternamente.
Me gustaste, me gustas y me gustarás,
como una melodía que nunca dejará de sonar.
Te extrañé, te extraño y te extrañaré,
tanto ayer como hoy, por siempre, te lo juro, lo sé.
Quiero seguir haciendo contigo todos los verbos en todos los

[tiempos,

ser tu primera vez, sin perder ni un solo momento.

6.

Deseo que sepas que eres tu propia planta,
que tu amor propio florezca y nunca se quebranta.
Eres la raíz que te da vida y te hace fuerte,
aprende a regarte, a quererte, y a ser tu suerte.
Aunque el mundo te dé viento, sol o lluvia,
tu crecimiento depende de ti, con calma y con brío.
Verás cómo floreces cuando te ames de verdad,
y lo que ahora es duda, pronto será tranquilidad.

7.

Amar es una elección, no una casualidad,
y deseo que entiendas su profundidad.
Es decidir quedarse, no huir del desafío,
es luchar juntos, aunque el viento esté frío.
El amor no se mide en momentos fáciles,
se mide en resistencia, en seguir a pesar de todo,
en construir algo sólido, aunque las tempestades
nos rodeen, y los recursos falten en la mirada.

8.

Deseo que algún día te llegue la necesidad,
de que te busquen, de sentirte importante,
que te digan que te quieren de verdad,
y que tus días sean llenos de un amor constante.
Que no te falte nunca quien te valore,
quien vea en ti lo mejor de tu ser,
y que en tus corazones florezca el deseo,
de ser siempre tú, sin miedo y sin freno.

9.

Anhelo con todas mis fuerzas que sepas que en mi corazón

[profundo,

sigues siendo el sueño de lo que pudo ser,
un amor que quería abarcar todo el mundo,
pero al final se quedó en nada, en un amanecer.
Te quise como se quiere lo que se tiene cerca,
pero no fue suficiente para el tiempo y la distancia.
Hoy sigo pensando en ti, en lo que no alcanzamos,
y en lo que pudimos ser, si solo lo hubiéramos logrado.

10.

Que tu nombre sea mi último aliento,
que seas mi persona favorita, mi sueño lento.
Que seas mi hogar en medio de mis miedos,
y que mis casualidades más bellas sean a tu lado, siempre.
Ojalá te hubieras quedado para construir,
llenándonos de ternura, sin nada que huir.
Una vez te dije que no te amaba, pero hoy me he dado cuenta,
que lo que siento por ti es amor real, y es la mayor verdad.

11.

Te perdono por todo, por cada silencio y cada error,
por los días de ausencia, por la distancia en el amor.
Hoy quiero verte libre, sin sombras ni cadenas,
que el viento te lleve a donde encuentres calma plena.
Guardo en mi corazón el cariño que queda,
y aunque ya no somos, siempre tendrás mi respeto y mi huella,
pues los lazos verdaderos ni el tiempo desvanece,
y así nace mi amistad, fuerte y sincera, sin reveses.

12.

Te deseo la paz, la libertad más pura y serena,
que cada paso te acerque a lo que tu alma anhela.
Los sentimientos nobles que una vez compartimos,
hoy se transforman en amistad que nos cuidará vivos.
Sin reclamos ni rencores, solo gratitud queda,
y te ofrezco mi mano, mi respeto y mi entrega,
para que el vínculo que fue amor y comprensión,
sea un apoyo eterno, una amistad sin condición.

13.

En ti veo bondad, fuerza y nobleza sin igual,
esa esencia que compartiste sin dudar.
Aunque nuestras vidas hayan tomado otro rumbo,
mi amistad contigo será fiel, será profundo.
A veces el amor cambia de forma y dirección,
y lo que queda es una amistad sin restricción.
Hoy te libero y te agradezco, te doy paz y mi abrazo,
porque el cariño verdadero nunca encuentra rechazo.

14.

Tu madre, quien en mi familia política fue, quiero honrar,
por cada consejo, por cada gesto y su leal apoyar.
Me abrió su corazón en espacios tan pequeños,
me dio más de lo que nunca imaginé en nuestros sueños.
Le agradezco su ayuda, su abrazo en tiempos duros,
por aceptar mis manos, mis miedos y murmullos.
Hoy le ofrezco respeto y gratitud sincera,
por la madre que es, tan grande y tan entera.

15.

Que seas libre como el viento, como el cielo sin fin,
que tus días sean paz, que tus noches sean sin fin.
Nuestros caminos han cambiado, pero aún así,
mi amistad es firme, tan fuerte como la raíz.
Te perdono y me despido con cariño y respeto,
guardando lo bueno, dejando ir lo que pesó.
Que tu madre, quien tanto me dio y compartió,
sienta también mi agradecimiento, mi amor.

16.

En cada instante compartido, te dejo libertad,
para que busques tu destino, tu propia verdad.
Hoy te perdono sin reservas, sin dudas ni rencores,
y deseo construir una amistad que no desfallece.
A tu madre le dejo mi respeto y gratitud,
por ser puente en los días de tanto amor y virtud.
En su corazón encontré un apoyo, un refugio,
y agradezco su abrazo en cada rayo de luz.

17.

Deseo que tu medicación sea bálsamo y guía,
que cada dosis de sertralina, te lleve a la calma y armonía.
Que encuentres en ella un equilibrio sereno,
y te devuelva al camino firme, sin freno.
Que sigas tomándola con constancia y fe,
junto a la jalea real que nutra tu ser,
para que en cada día florezca en ti la fuerza,
y encuentres tu lugar, en paz y certeza.

18.

Encuentra apoyo en tus amigos, en cada abrazo,
en tus sobrinos que con su risa alivian tu paso.
Que tus hermanas te ofrezcan hombros de calma,
y en cada familiar encuentres refugio para el alma.
Si un día tocas a mi puerta, si buscas mi abrigo,
sabrás que aquí estaré, esperando, mi amigo.
Porque aunque el tiempo pase y nos cambie la vida,
mi puerta estará abierta, siempre bienvenida.

19.

Antes de despedir estos versos, te quiero pedir un deseo sincero,
invítame a tu mesa, con gesto sincero.
Para poder contigo, aunque el tiempo pase,
celebrar lo que fuimos, sin que nada se desgaste.
Festejar lo que sea, con risas y abrazos,
y en ese rincón nuestro, olvidar los ocasos.
Que entre copas y recuerdos, podamos recordar,
lo eterno en lo simple, y volver a brindar.
Si vienen los amigos, hagamos una "tómbola",
con objetos, recuerdos y alguna lágrima sola,
y brindemos todos juntos por lo que fue y será,
por la vida compartida que nunca se va.

20.

Recuerda que lo prometido es deuda sincera,
que estaré a tu lado, firme y sin espera.
Si alguien especial deja este mundo en silencio,
quiero ser tu apoyo, tu refugio en ese momento.
Llámame cuando el adiós toque tu puerta,
y estaré junto a ti, con mi presencia abierta.
Porque en los momentos de dolor y de ausencia,
seré consuelo y abrazo, fiel a nuestra promesa.

Este libro, que con tanto esfuerzo y sinceridad he construido, recoge la travesía emocional de mi proceso de separación, un proceso complejo y doloroso en el que cada verso representa un paso hacia la sanación. Al verbalizar estos sentimientos, expongo una realidad que, aunque íntima y personal, es también universal. Expresar el dolor, la pérdida y la esperanza no solo se convierte en una vía para entendernos mejor a nosotros mismos, sino que nos acerca a los demás, abriendo canales de comunicación que facilitan la sanación.

Verbalizar estas experiencias, lejos de debilitar, fortalece. La sinceridad de este proceso nos permite dejar atrás el peso de las emociones reprimidas, integrarlas en la experiencia vital y aprender a sobrellevarlas. Al escribir cada uno de estos versos, he experimentado el alivio que nace de compartir, de ser honesto en cuanto a los sentimientos de duelo y de recordar lo que alguna vez fue un amor profundo. Esta práctica de expresión, de poner en palabras lo que se lleva dentro, nos acerca a la posibilidad de sanar, aún si la curación total parece un horizonte lejano.

Es esencial entender que, aunque no esté completamente recuperado de esta pérdida, la vida sigue exigiendo nuestro esfuerzo y presencia. En mi caso, tengo el compromiso de ser un buen profesional y un buen amigo. Esto significa involucrarme, pese a las dificultades personales, y participar activamente en los entornos en los que me desenvuelvo. El trabajo, el círculo de amigos y la comunidad nos brindan un contexto esencial para reconectar con la vida, y nos permiten aprender a empatizar de nuevo. Y, cuando miramos alrededor, descubrimos que el sufrimiento, en diversas formas, es compartido por quienes nos rodean. Hoy, todos vivimos con responsabilidades, miedos y dudas que nos afectan en mayor o menor medida. Algunos llegan tarde, otros no encuentran las palabras justas, y algunos luchan con problemas que les impiden levantarse cada día. En esta convivencia con el sufrimiento y la dificultad, se hace crucial fortalecer la empatía y la paciencia.

El proceso de este libro también me ha recordado la importancia de la humildad. Al aprender a comprender a quienes me rodean sin juzgar, descubro la relevancia de construir comunidad desde el respeto mutuo y la comprensión. La humildad implica abrirse a los demás, no desde la pretensión de poseer conocimientos superiores, sino desde el reconocimiento sincero de que todos somos aprendices en la vida. Hoy, en sociedades complejas y diversas, la necesidad de respeto, empatía y escucha activa supera a las titulaciones o logros académicos. La verdadera educación reside en cómo logramos relacionarnos, entendernos y acompañarnos unos a otros.

En este sentido, mi rol como docente de Formación Profesional en un instituto de Zaragoza se convierte en una oportunidad invaluable para aplicar estos valores en el aula. Enseñar es mucho más que transmitir conocimientos; es un acto de generosidad y de construcción de confianza. Hoy más que nunca, creo en la educación que se basa en el ejemplo, en la humildad y en la gratitud. Mis estudiantes, jóvenes que buscan su lugar en el mundo, necesitan aprender de alguien que no solo comparte conceptos y técnicas, sino que también transmite humanidad. Ellos deben ver que sus docentes son personas reales, que sienten y sufren, y que logran encontrar la fuerza para seguir adelante, en el trabajo y en la vida. Mi intención es que aprendan conmigo a reconocer que detrás de cada acción, de cada retraso y de cada silencio, hay una historia, un dolor, o un motivo que muchas veces no logramos ver a simple vista. La educación más valiosa es aquella que permite a los estudiantes entender que la empatía, el respeto y la resiliencia son las herramientas que los llevarán más lejos, incluso más allá de las habilidades técnicas que les pueda enseñar en el aula.

Hoy, me siento profundamente orgulloso de poder compartir esta parte de mí con ellos, y de transmitirles lecciones que solo la vida nos enseña: que siempre es posible encontrar fortaleza en la vulnerabilidad, que sanar es un proceso continuo y que el verdadero aprendizaje proviene de nuestras vivencias más profundas y sinceras. En este camino, espero seguir creciendo junto a ellos, ofreciendo lo mejor de mí desde el ejemplo y la comprensión, porque solo así podremos, juntos, construir una sociedad más compasiva y más humana.

Aunque en este momento sigo en proceso de recuperación y aún no estoy completamente sanado, me mantengo de pie con la ayuda de la medicación, la familia, los compañeros de mi trabajo y el maravilloso equipo directivo que lideran dos grandes amigas, así como el apoyo constante de mi psicóloga, quien me ha guiado en este camino. Cada día es un esfuerzo por encontrar el equilibrio, un paso más hacia adelante, y es precisamente esa realidad —la de no estar aún al cien por cien— la que me llevó a escribir este libro. Deseo que estas páginas sirvan para alentar a quienes enfrentan desafíos similares, que encuentren en estas palabras una mano amiga, un estímulo para expresar sus propios sentimientos. Escribir es una vía de liberación y sanación, y ojalá este libro inspire a otros a poner en palabras su dolor, su esperanza, y a descubrir, como yo, que compartir el peso lo hace más ligero.

Además de ser una herramienta de sanación personal, este libro también tiene como finalidad ofrecer un cierre simbólico a una etapa de mi vida que, por diversas circunstancias, no pudo culminar de manera concreta en el verano de 2024. A menudo, en los procesos de separación, especialmente cuando han sido tan intenso, punzante y profundos como el que viví, no se tiene la oportunidad de realizar una despedida clara, de poner un punto final a lo vivido. Queda el vacío de las palabras no dichas, de los gestos no realizados, de ese cierre que no llegó a existir. Este libro, entonces, representa ese cierre simbólico, pero dejando la puerta abierta a la amistad. A través de los versos, he logrado expresar lo que no pude decir en su momento, lo que permaneció en silencio y que, al ser escrito en mitad del dolor, del sueño, del llanto, la ira, la rabia o el lamento, encuentra su espacio y su liberación. Al hacerlo, espero que quienes se encuentren en situaciones similares también vean una manera de cerrar sus propios ciclos, de darle un final a lo que ya no puede seguir y de hacer las paces con lo que fue. Porque aunque un matrimonio no se haya cerrado de manera concreta, siempre podemos buscar las maneras de hacer ese cierre emocional, sanar y seguir adelante.

Como lectores, os deseo el mayor nivel de éxito, no solo en el ámbito personal y profesional, sino, sobre todo, en el emocional. Que podáis encontrar la paz y el equilibrio en vuestros entornos familiares, laborales y, lo más importante, dentro de vuestro propio ser. Que cada paso que deis hacia adelante, o en ocasiones hacia atrás, sea uno que os acerque a la plenitud y a la comprensión de vosotras mismas y vosotros mismos. Que, a pesar de las dificultades, sepáis abrazar vuestras emociones, aprender de los tropiezos y seguir creciendo con valentía y resiliencia. Que podáis construir relaciones auténticas, llenas de respeto y empatía, y que cada día sea una oportunidad para sanar, mejorar y encontrar la felicidad en las pequeñas cosas.

Creo firmemente que las habilidades emocionales de los profesores son clave para crear un ambiente de confianza en el aula. Al gestionar las emociones, fomentamos la motivación y concentración de los muchachos, mejorando así su rendimiento académico. Un maestro empático genera un espacio seguro que favorece el aprendizaje y el crecimiento personal.

Bien, como no podía ser de otro modo me despido de vosotros y vosotras con un pequeño verso que resume una parte de mi propio ser:

Alfredo, profesor de alma y corazón,
enseña con pasión y dedicación,
no solo le importa el saber académico,
sino el arte de entender lo humano, lo emotivo,
lo auténtico.

En el aula, su voz microfoneada es guía y faro,
con cada palabra, nutre el alma en claro,
ama las relaciones, las emociones, las risas,
y sabe que en el corazón es donde se hallan las prisas.

Con cada clase, un mundo nuevo abre,
un espacio donde el respeto es el que sabe,
que enseñar es también escuchar y comprender,
y en cada alumno, un futuro por aprender.

Índice